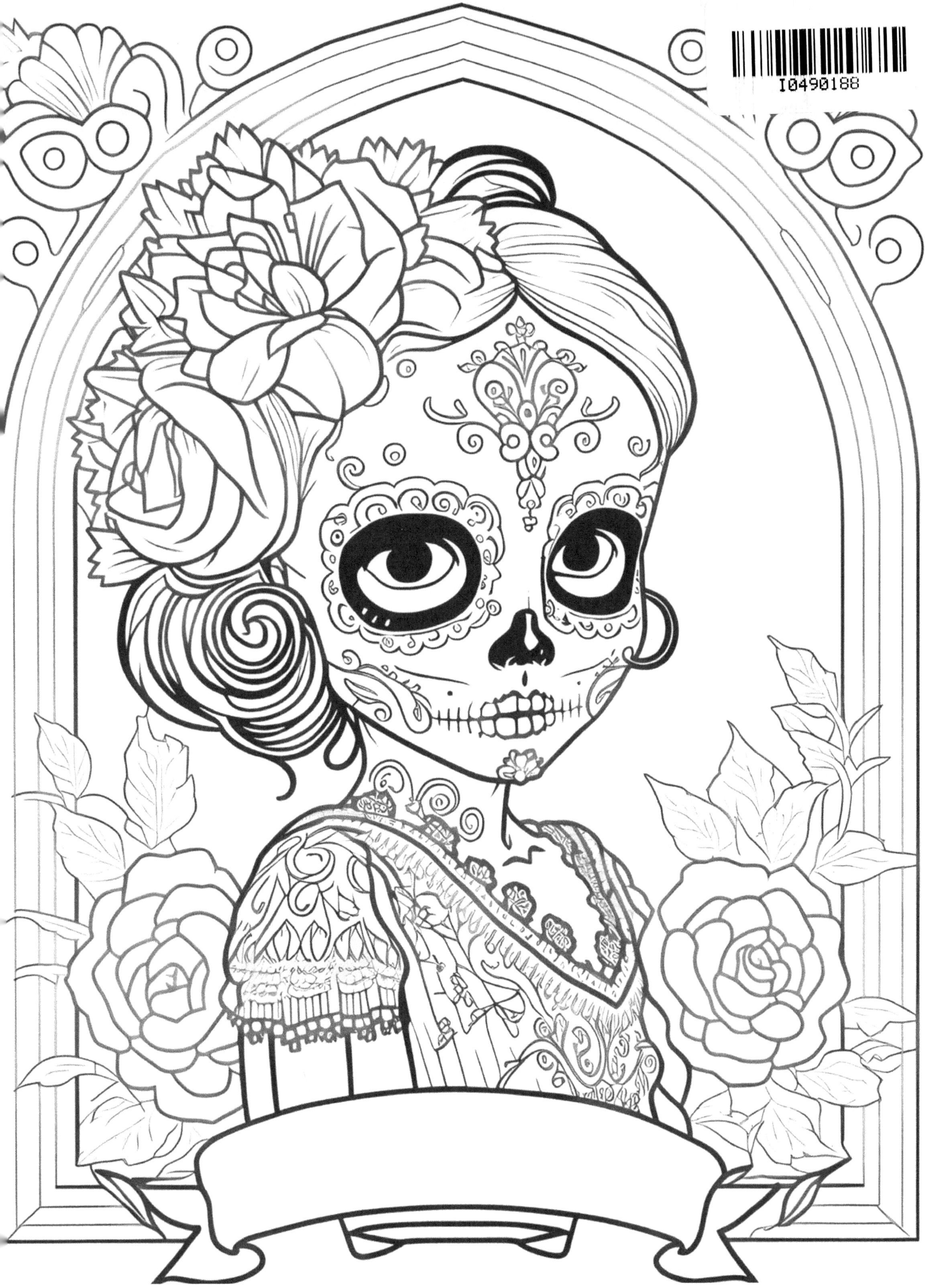

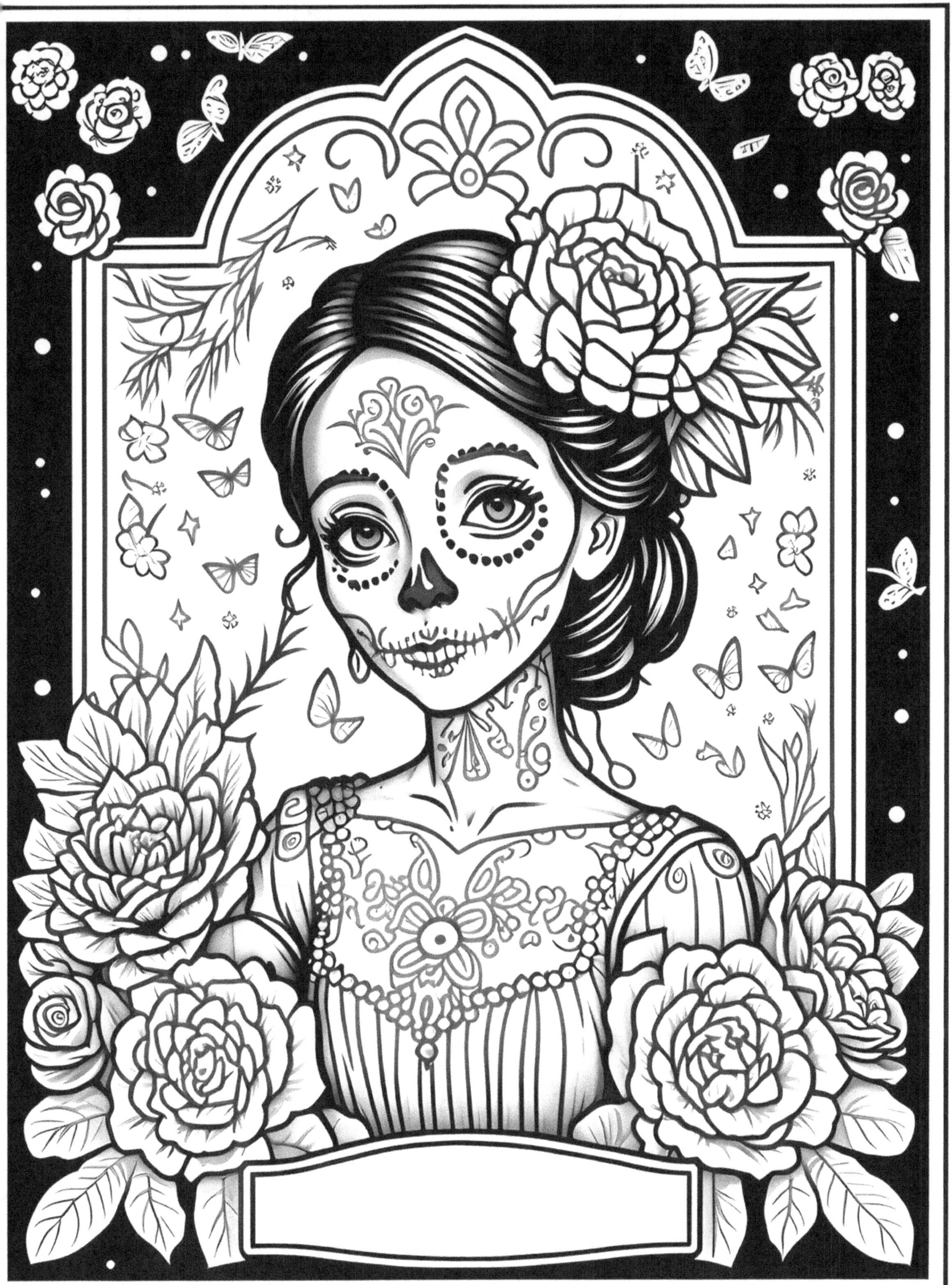

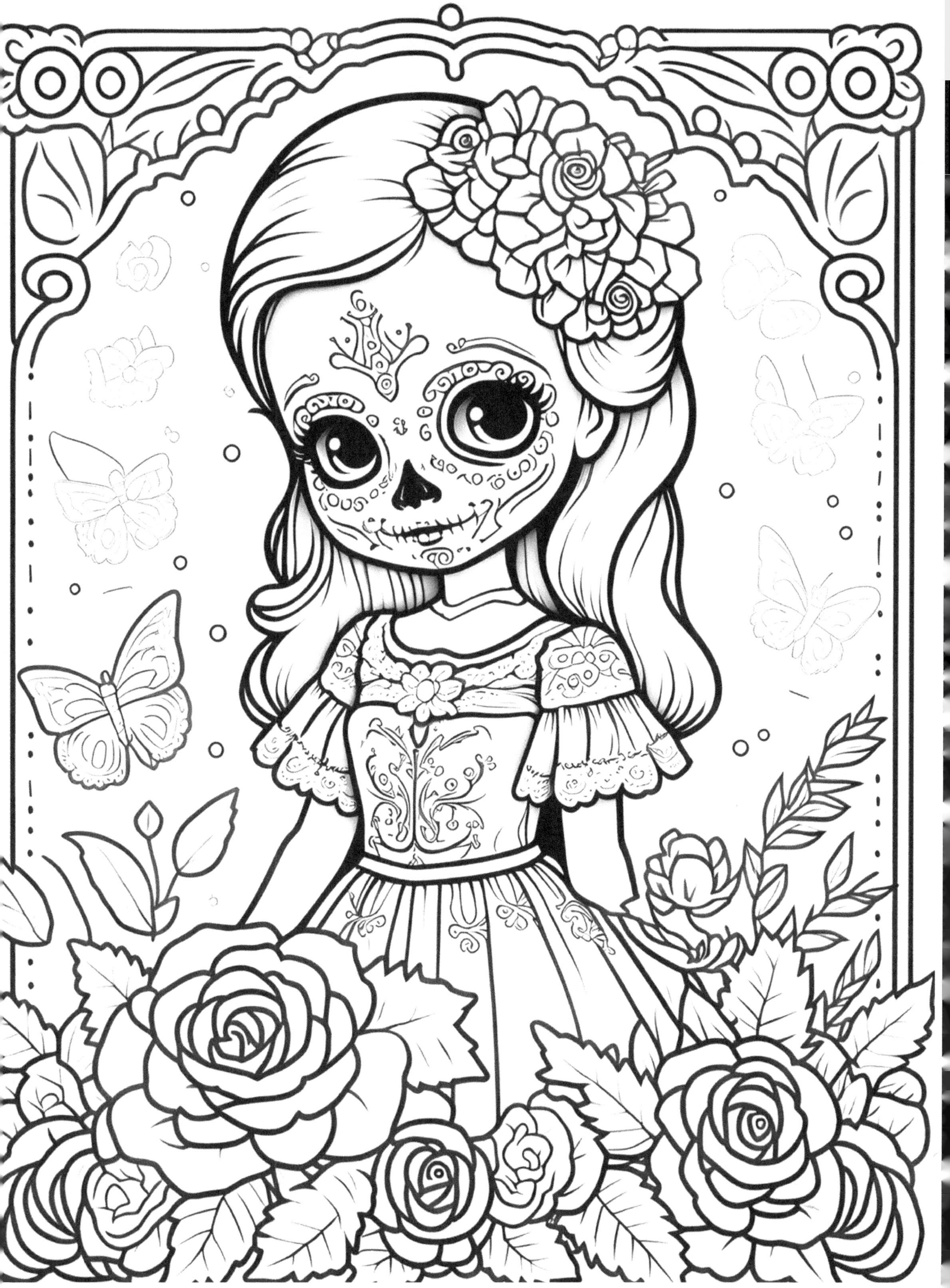

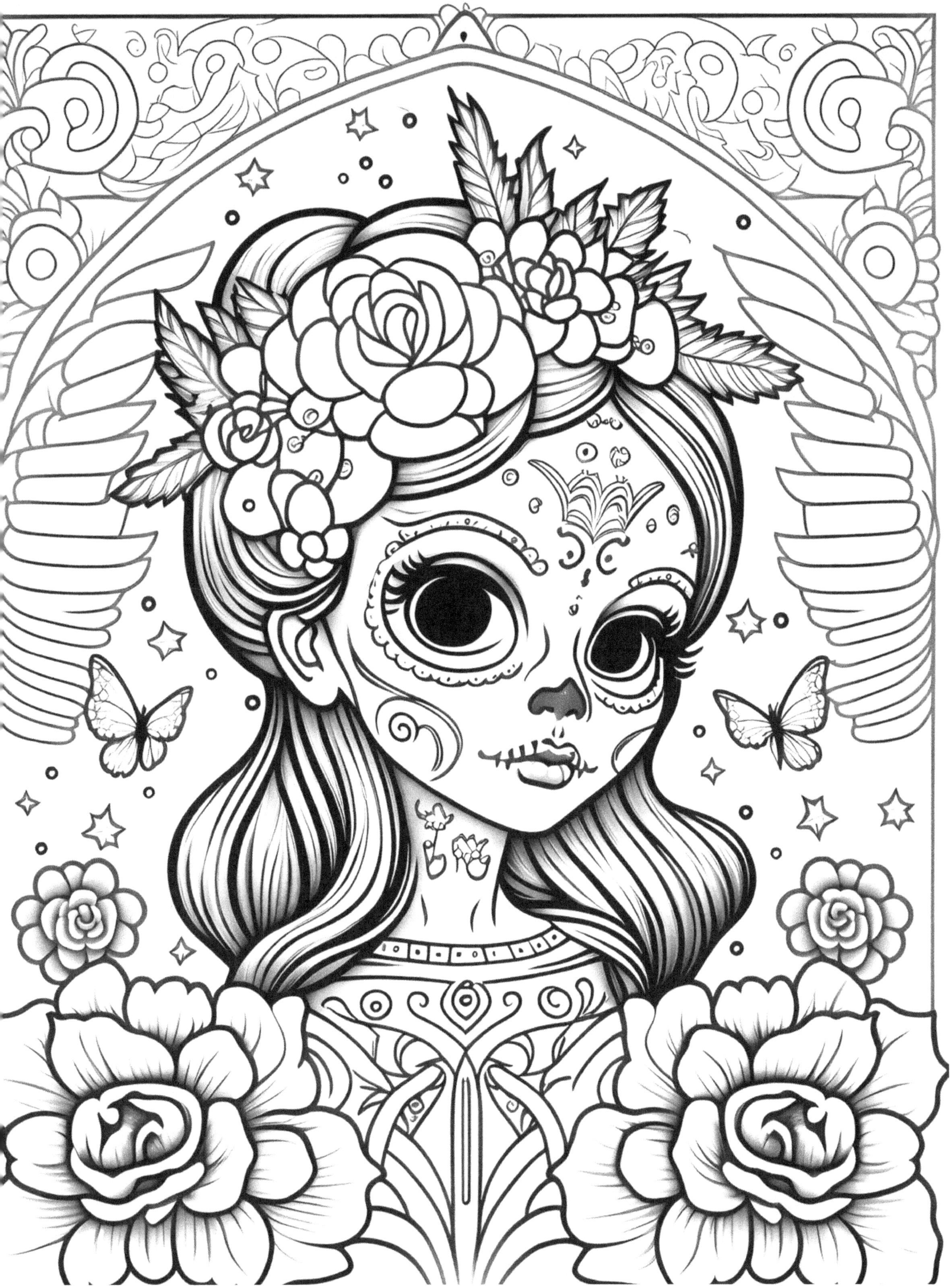

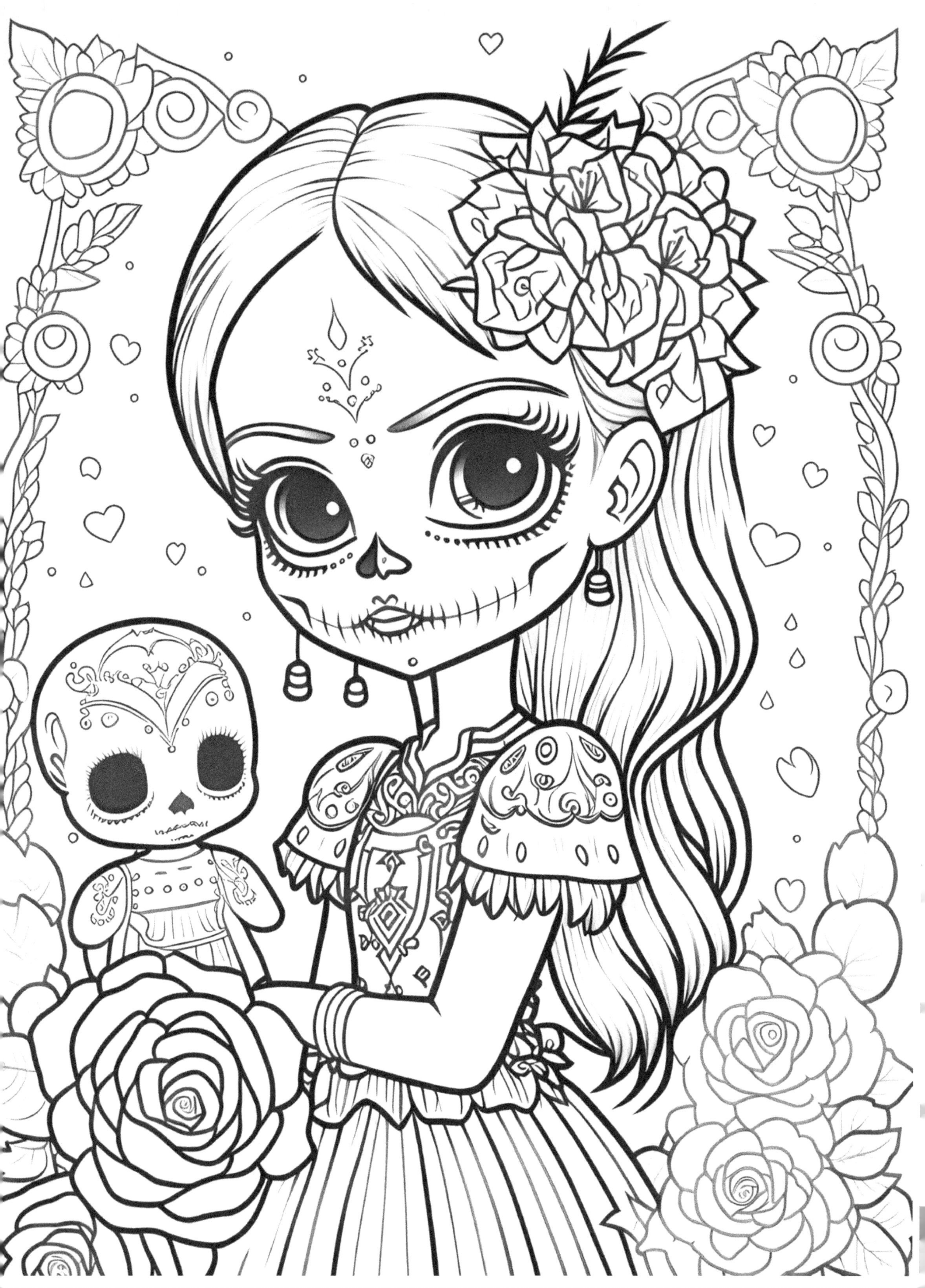

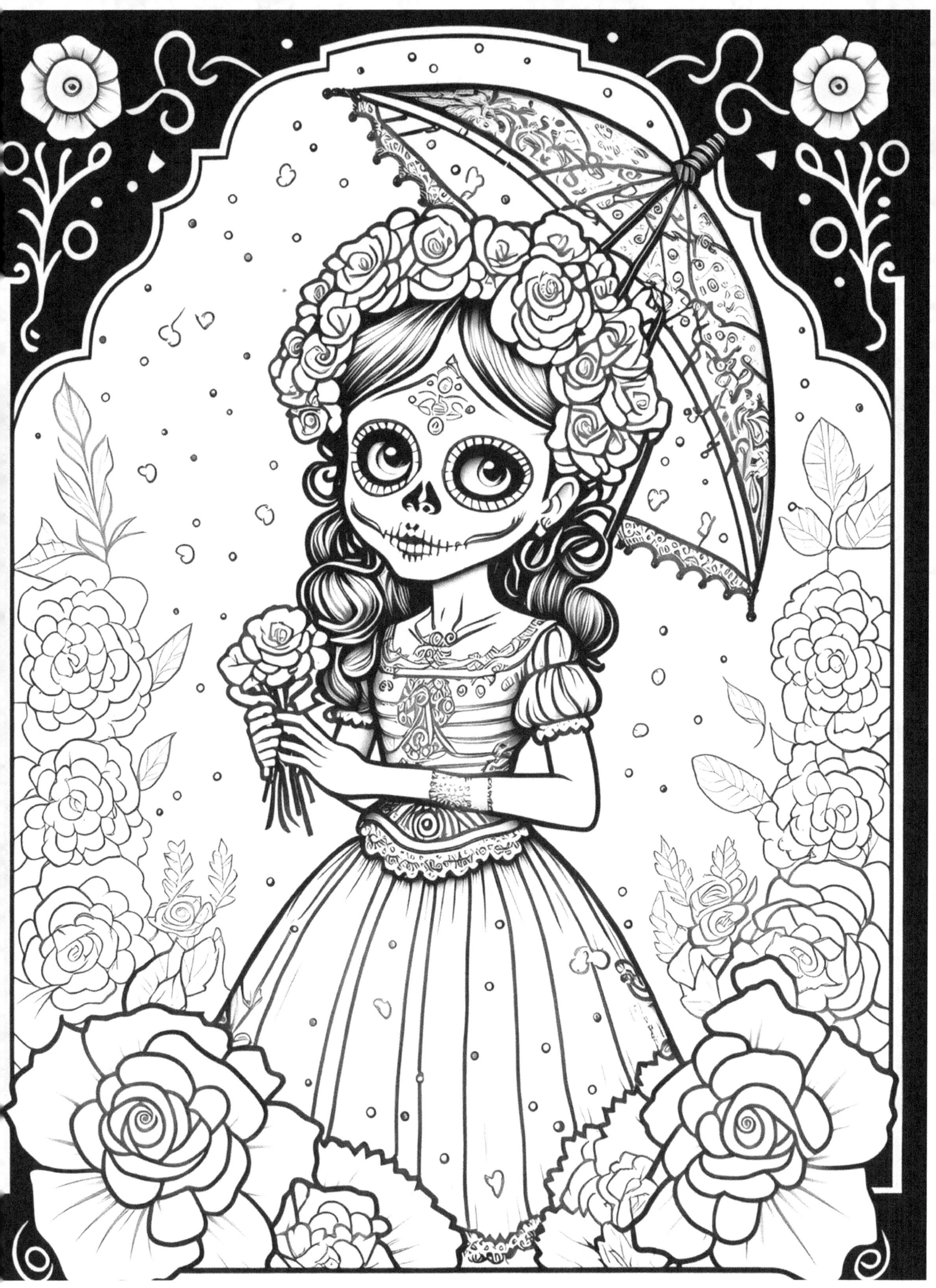

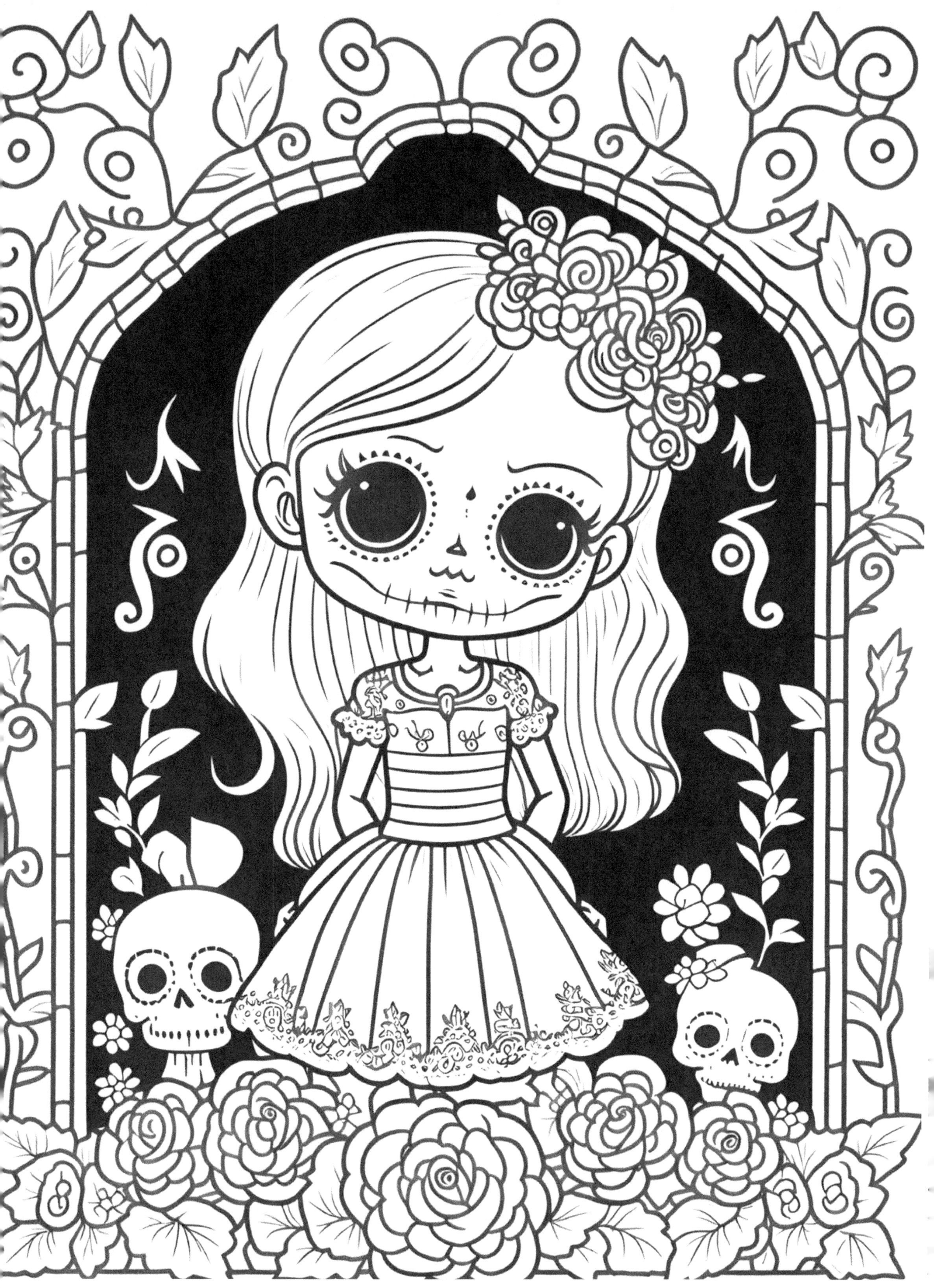

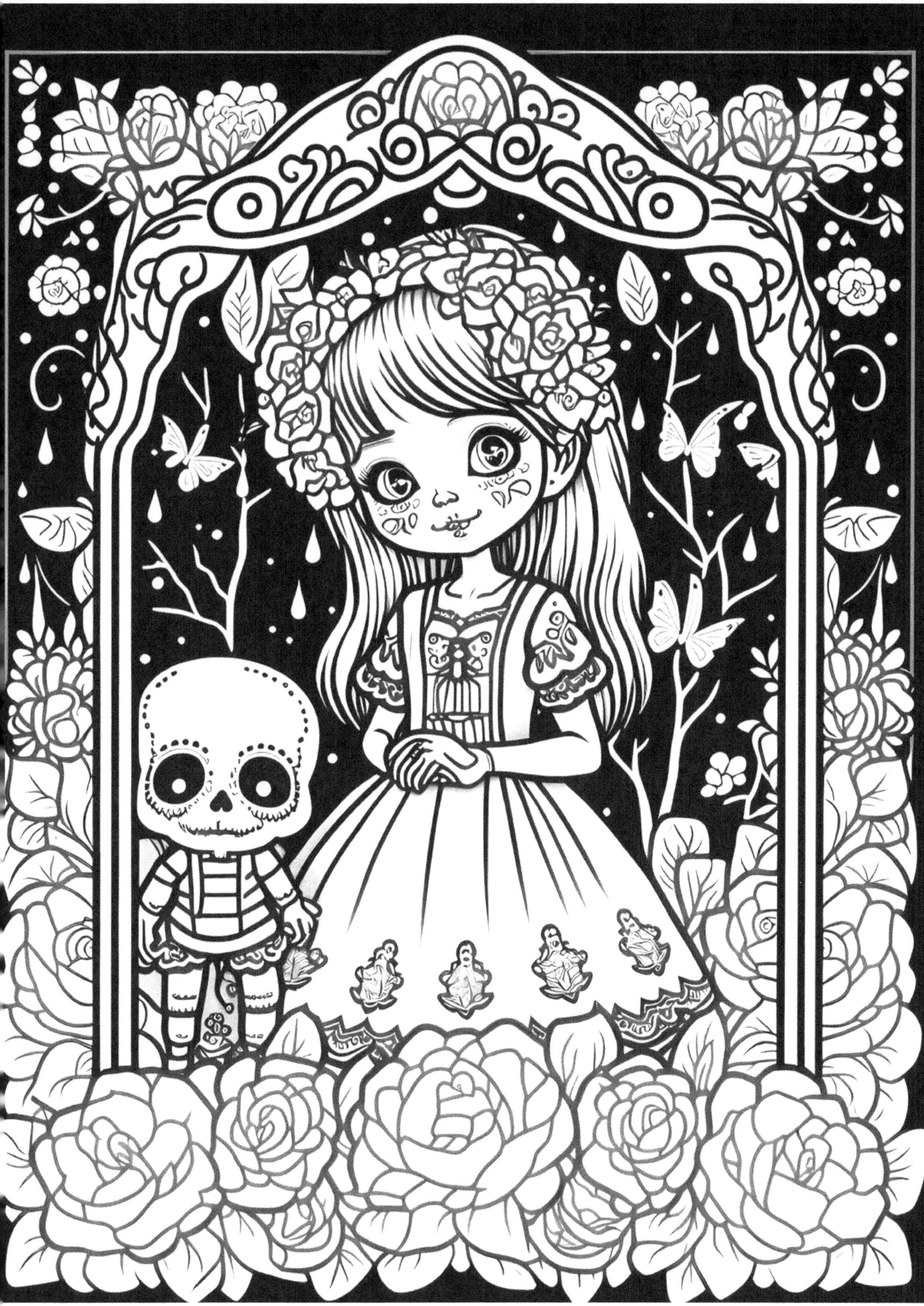

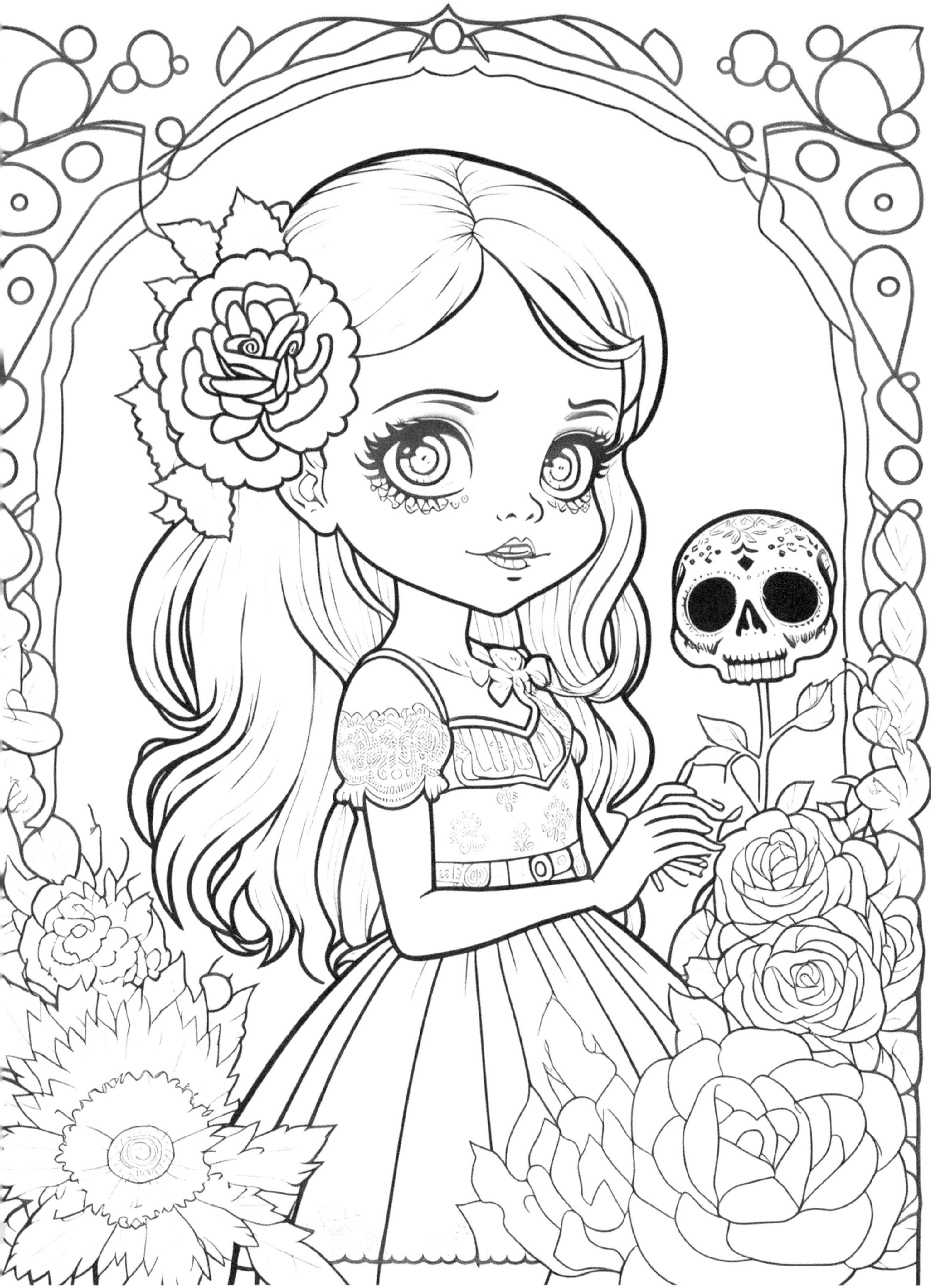

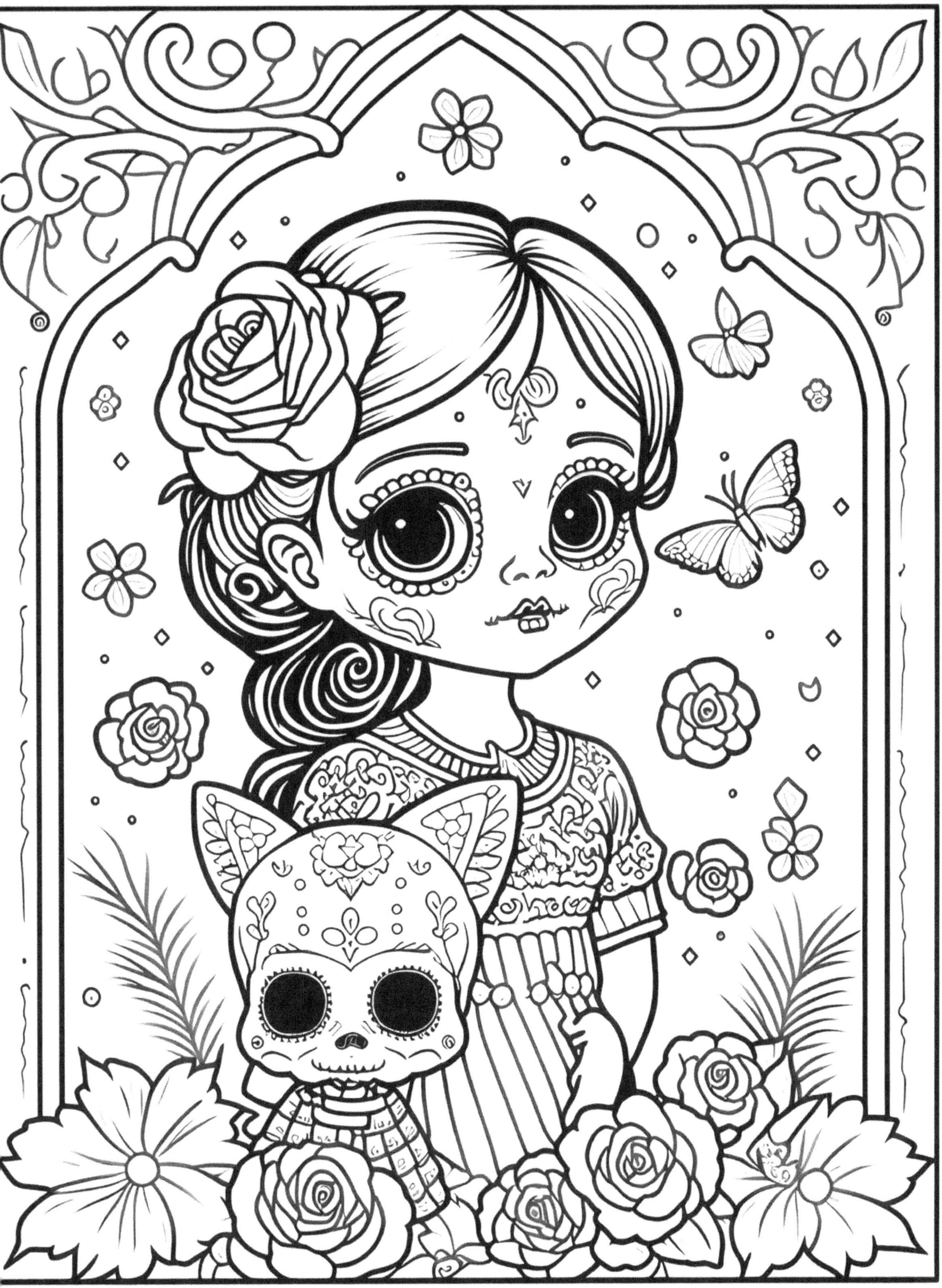

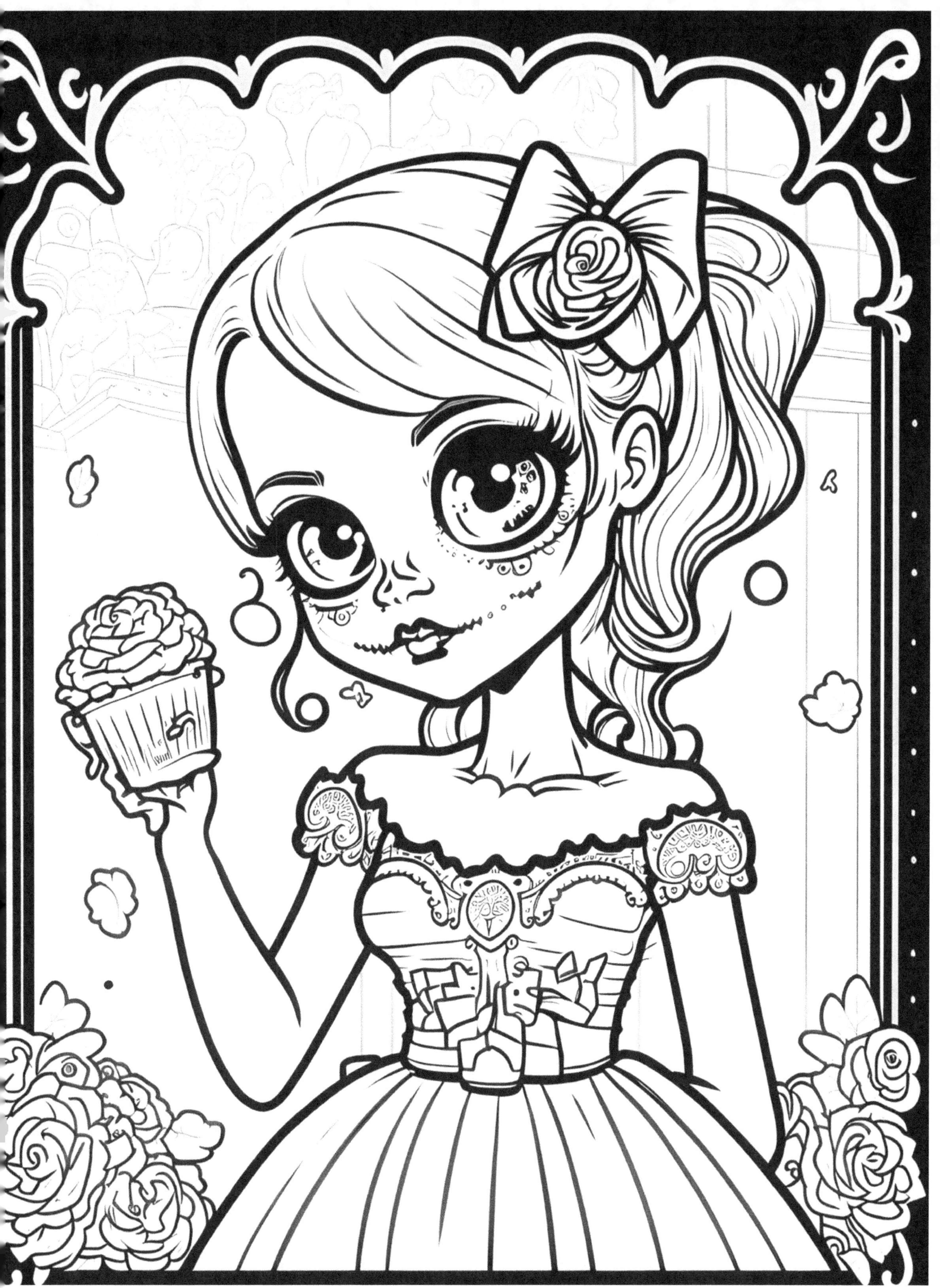

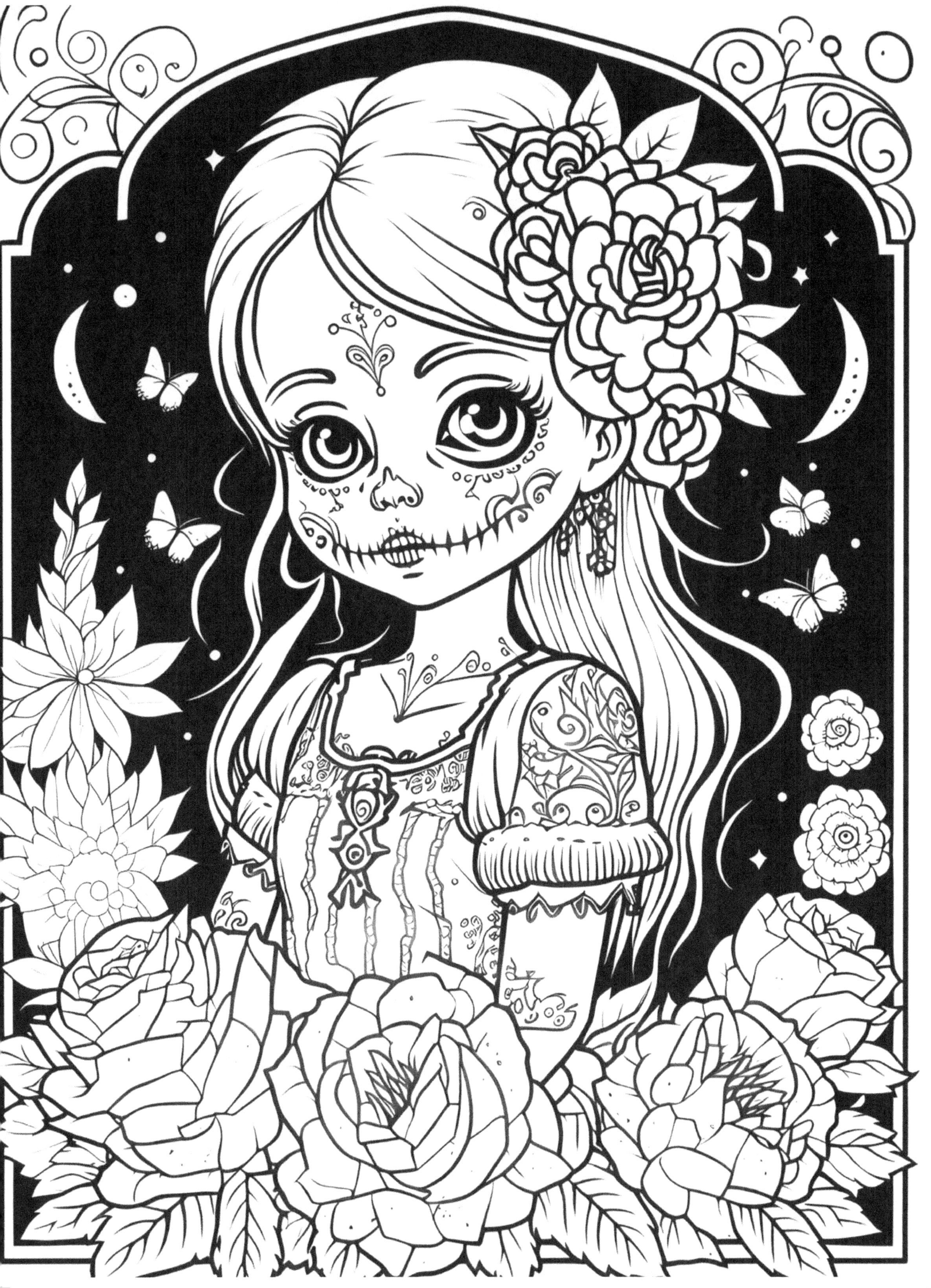

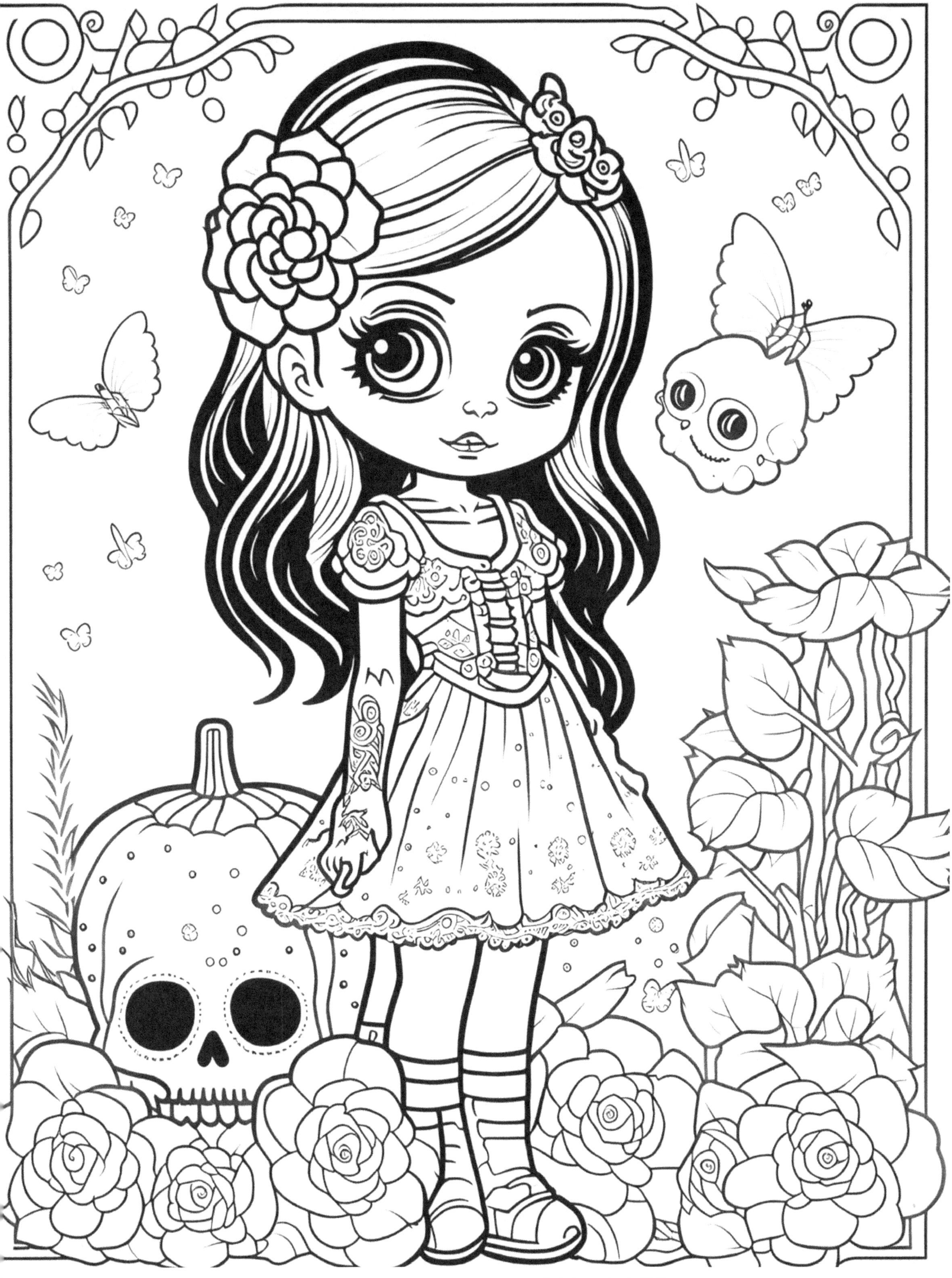

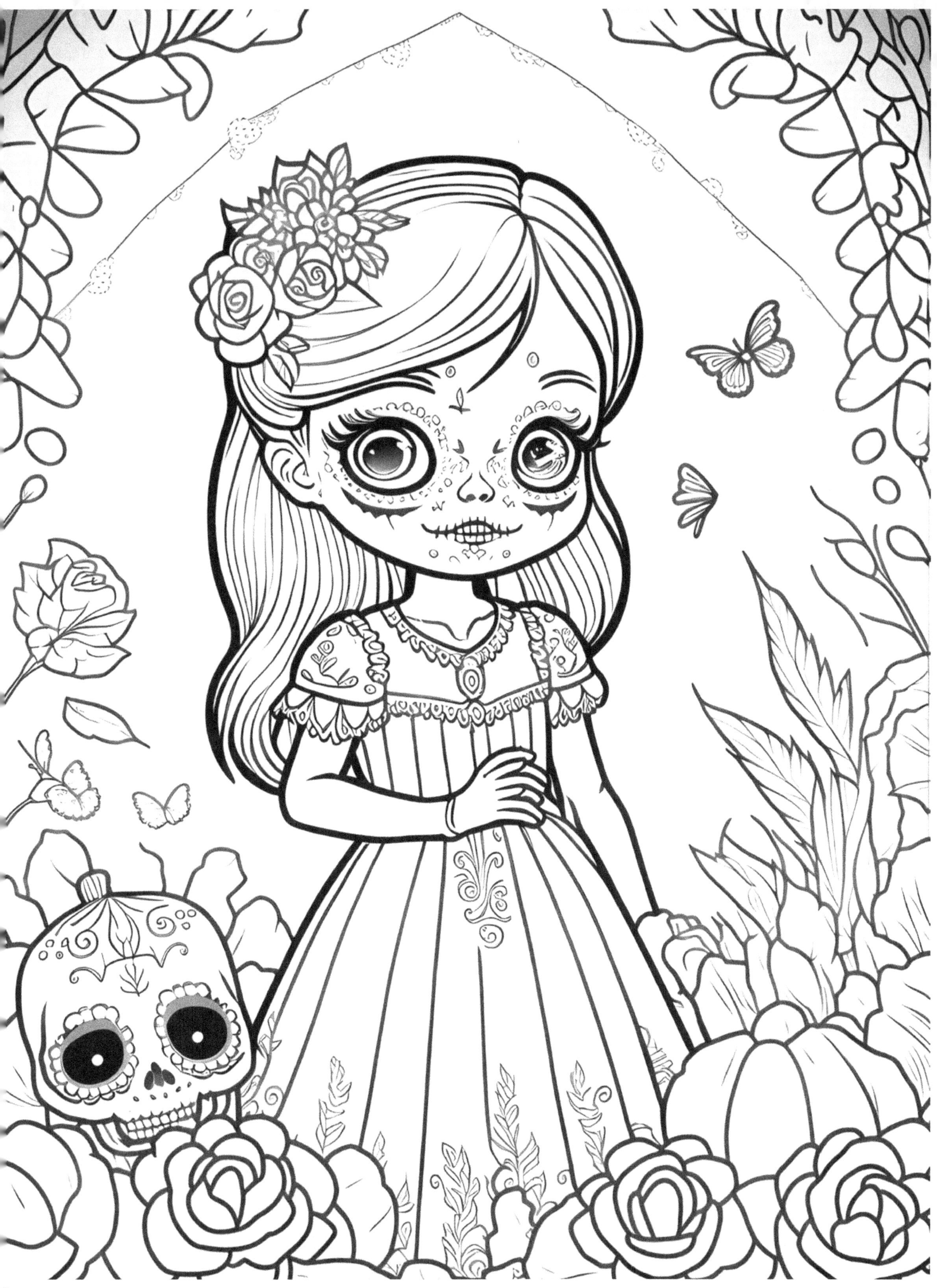

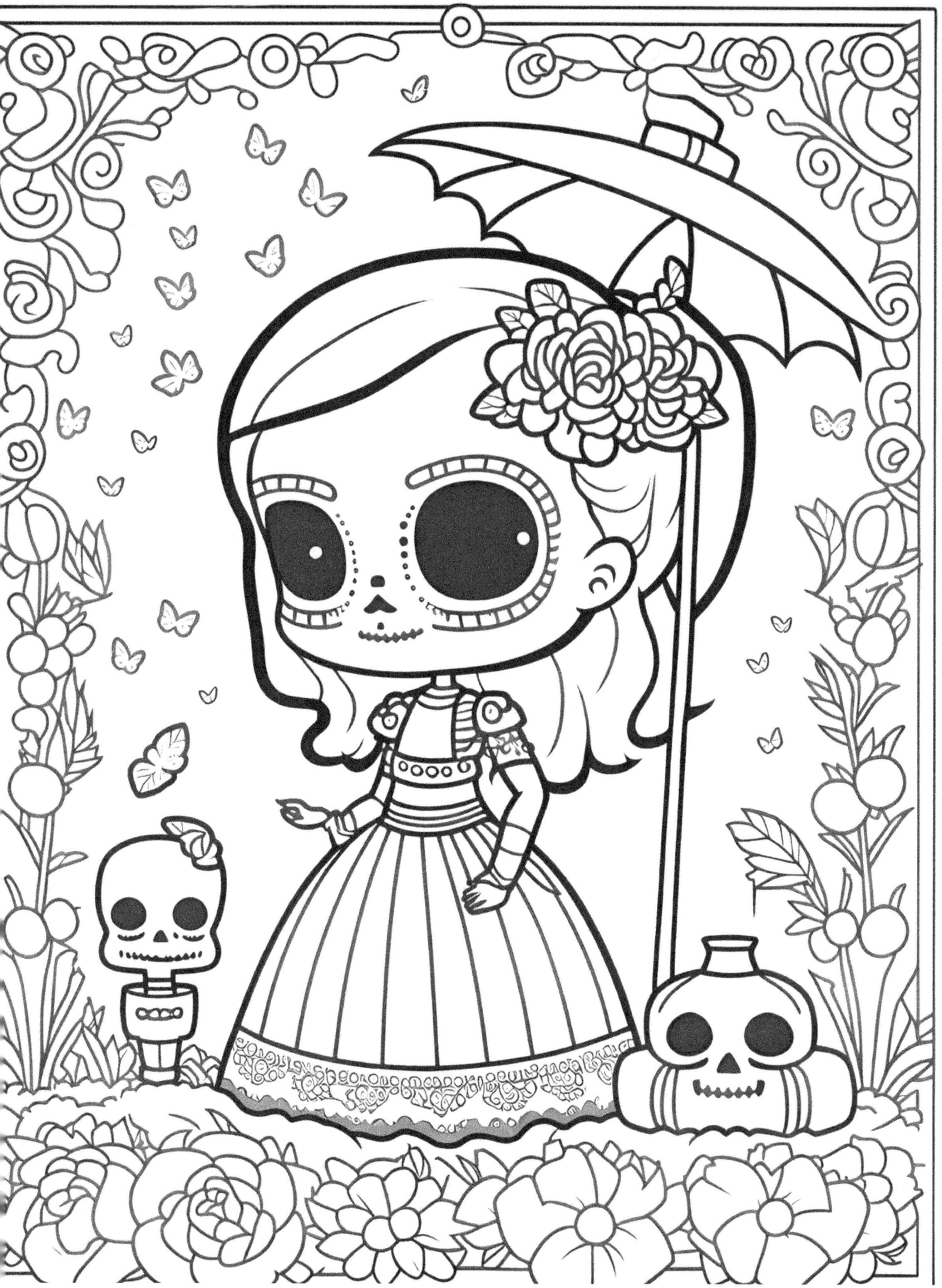

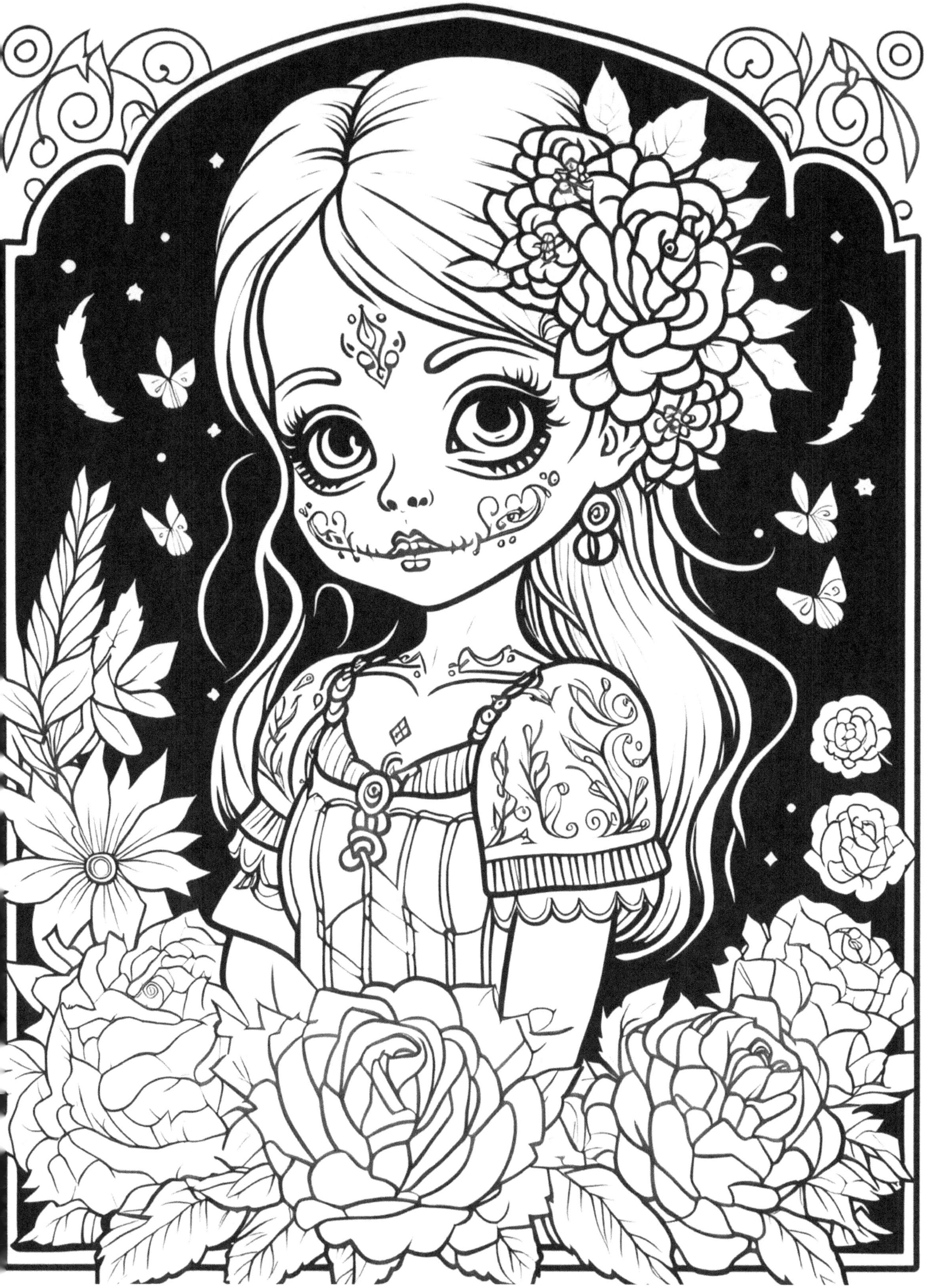

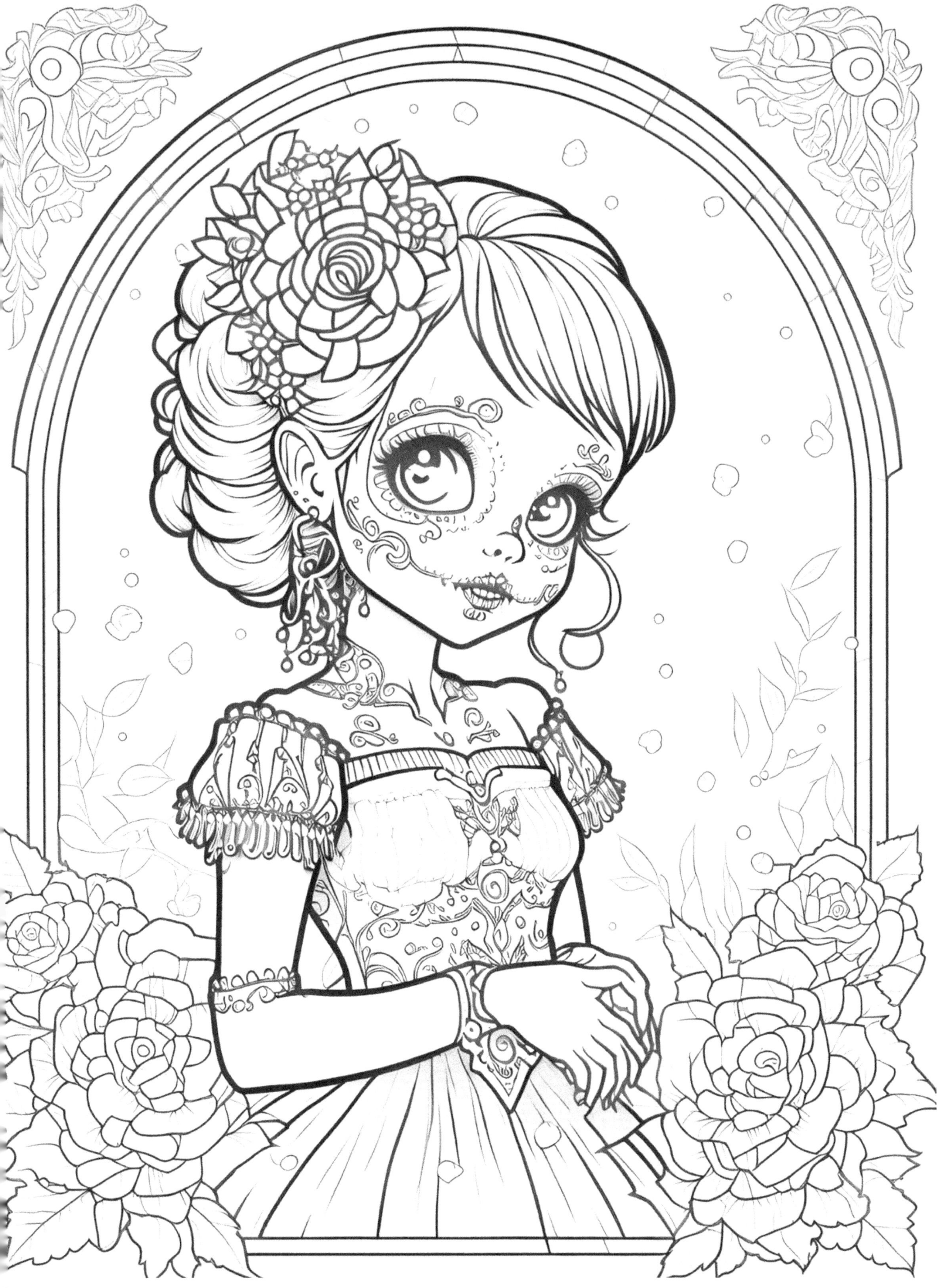

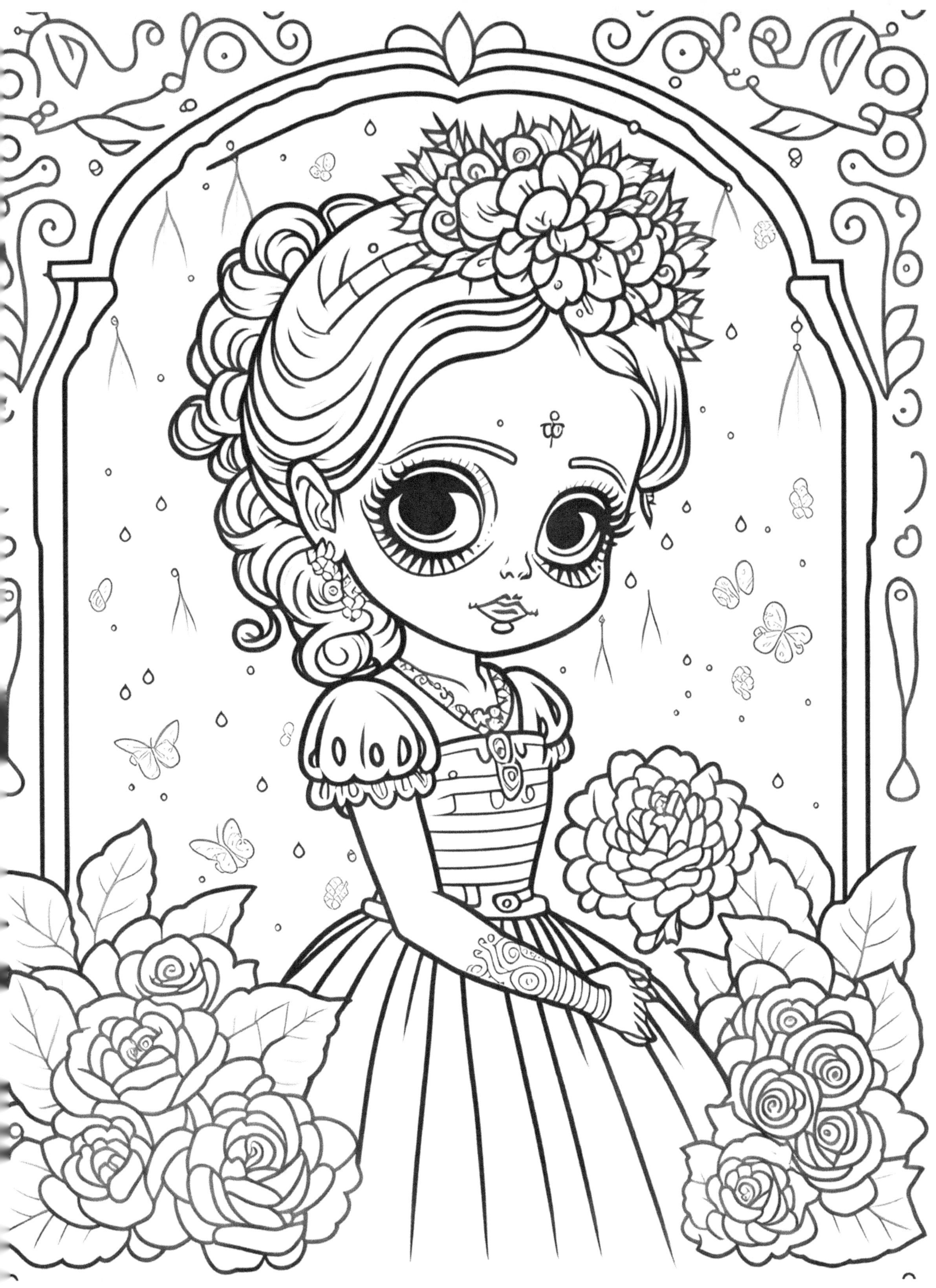

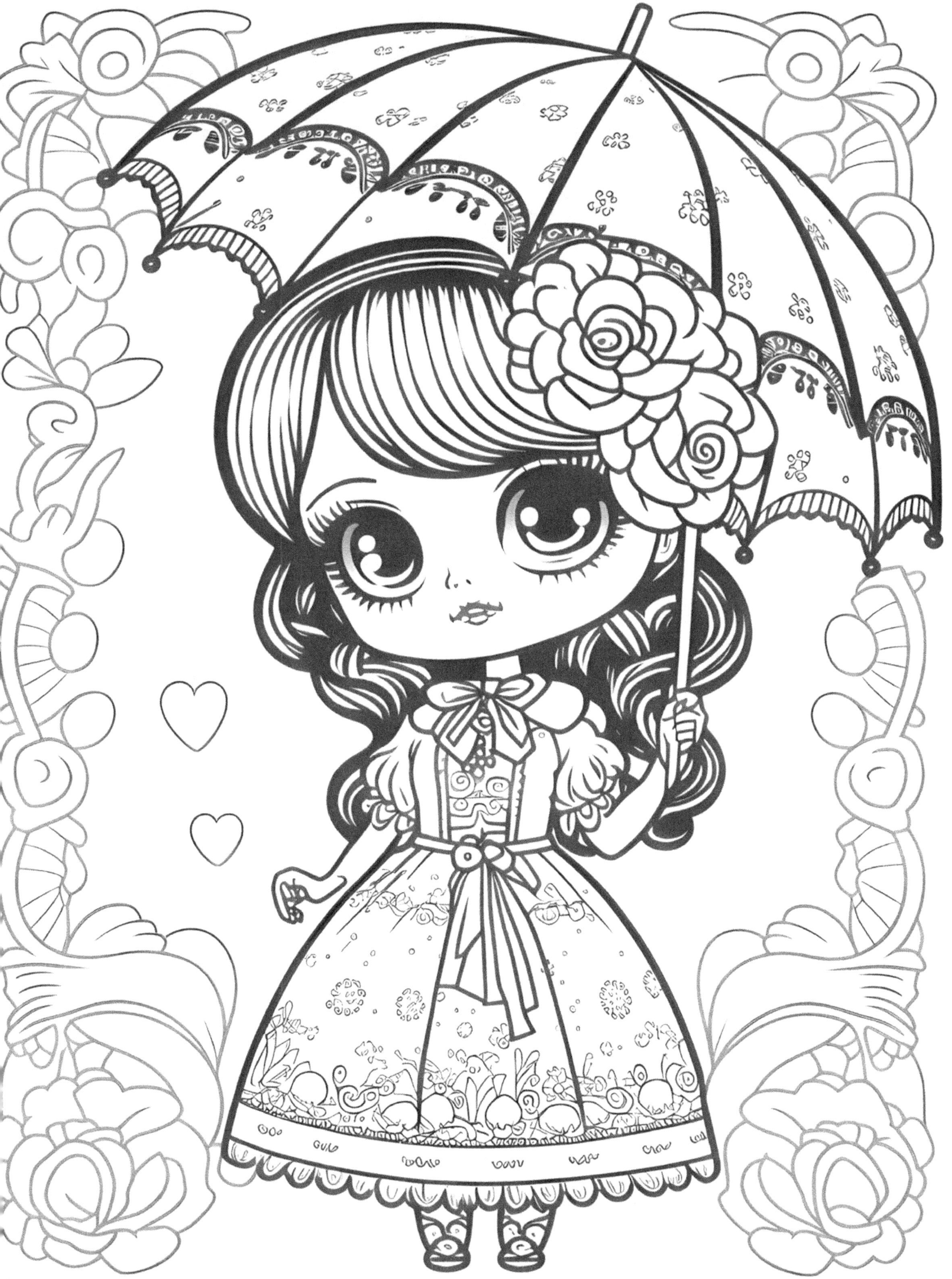

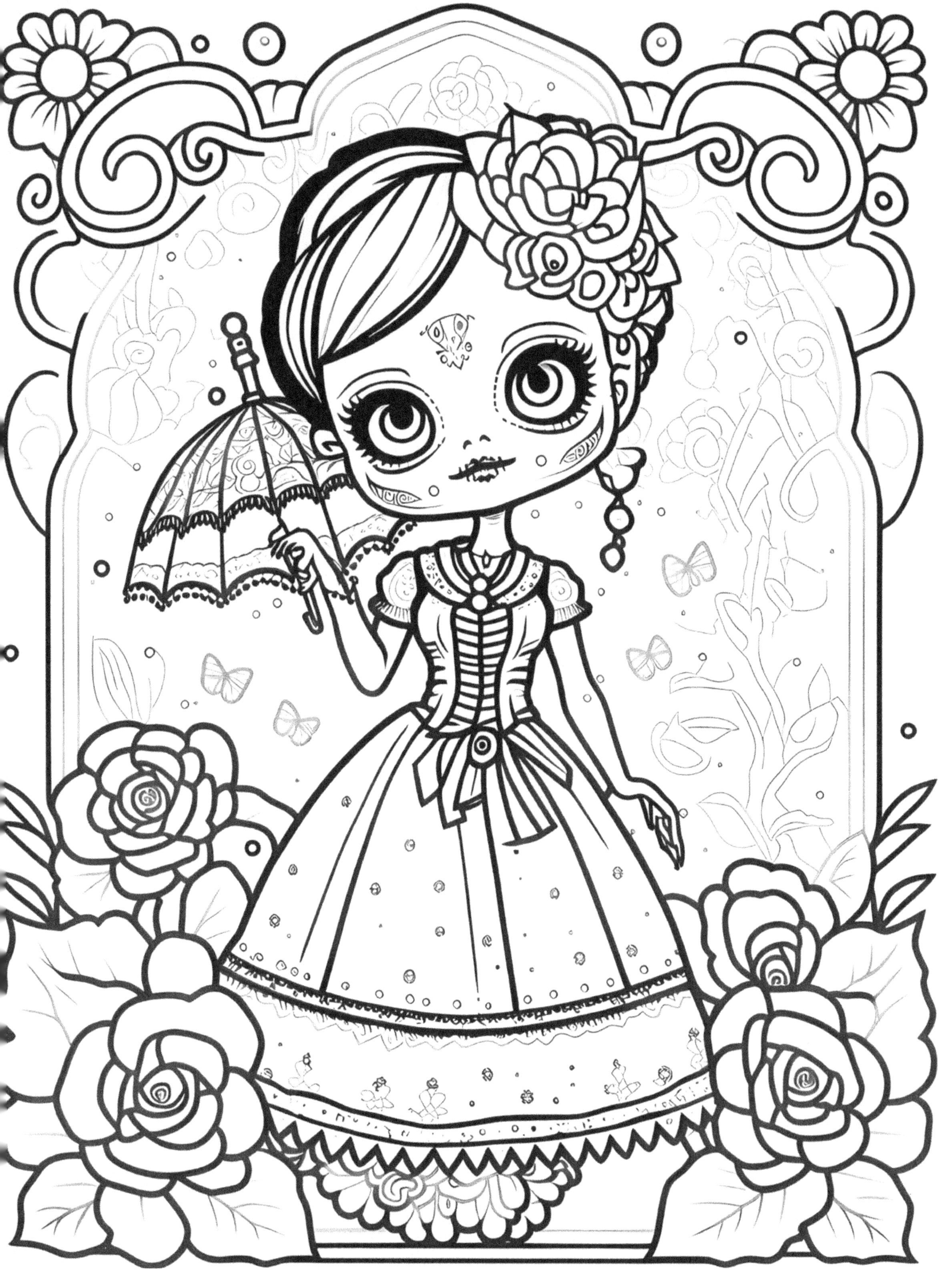

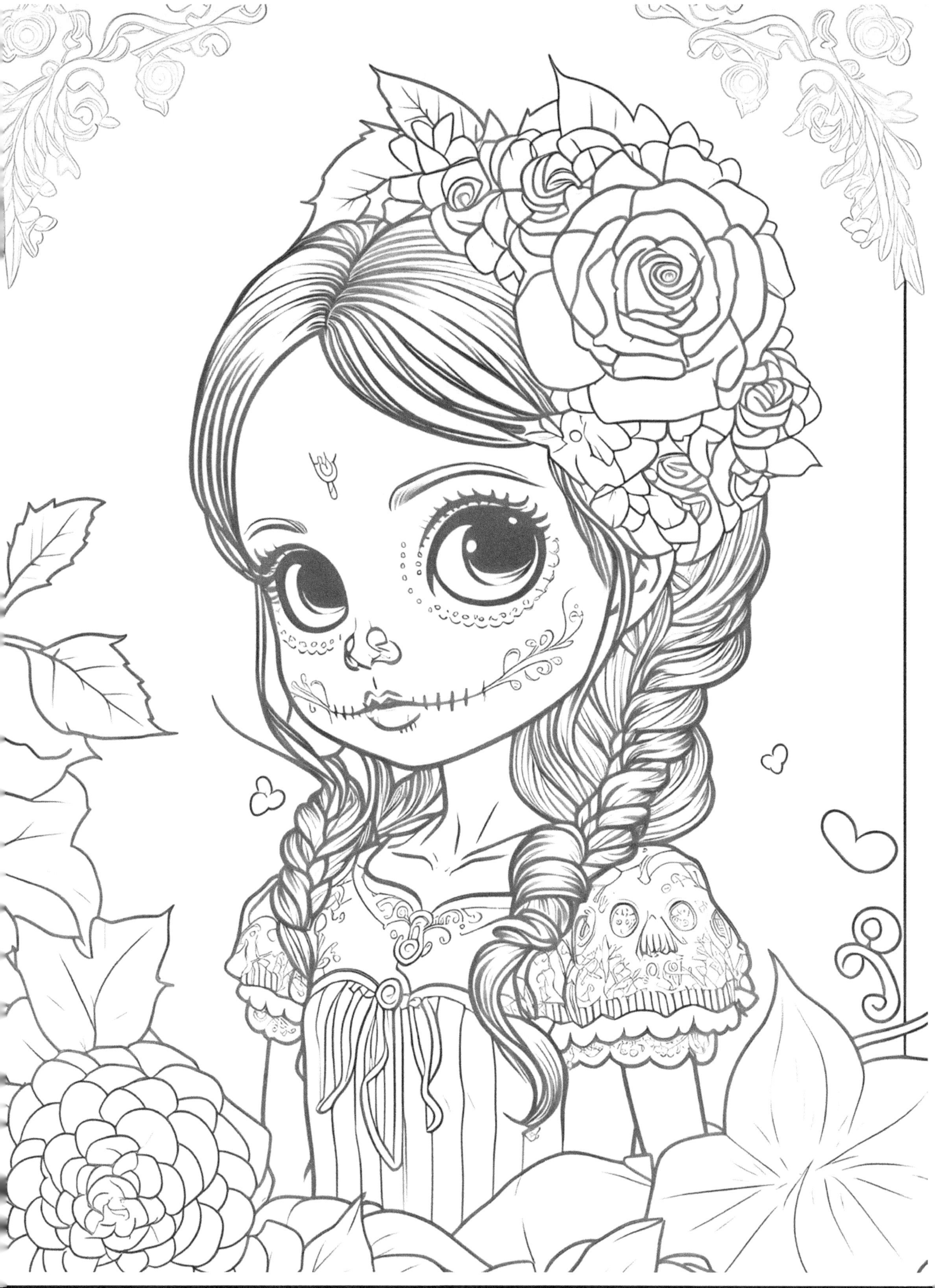

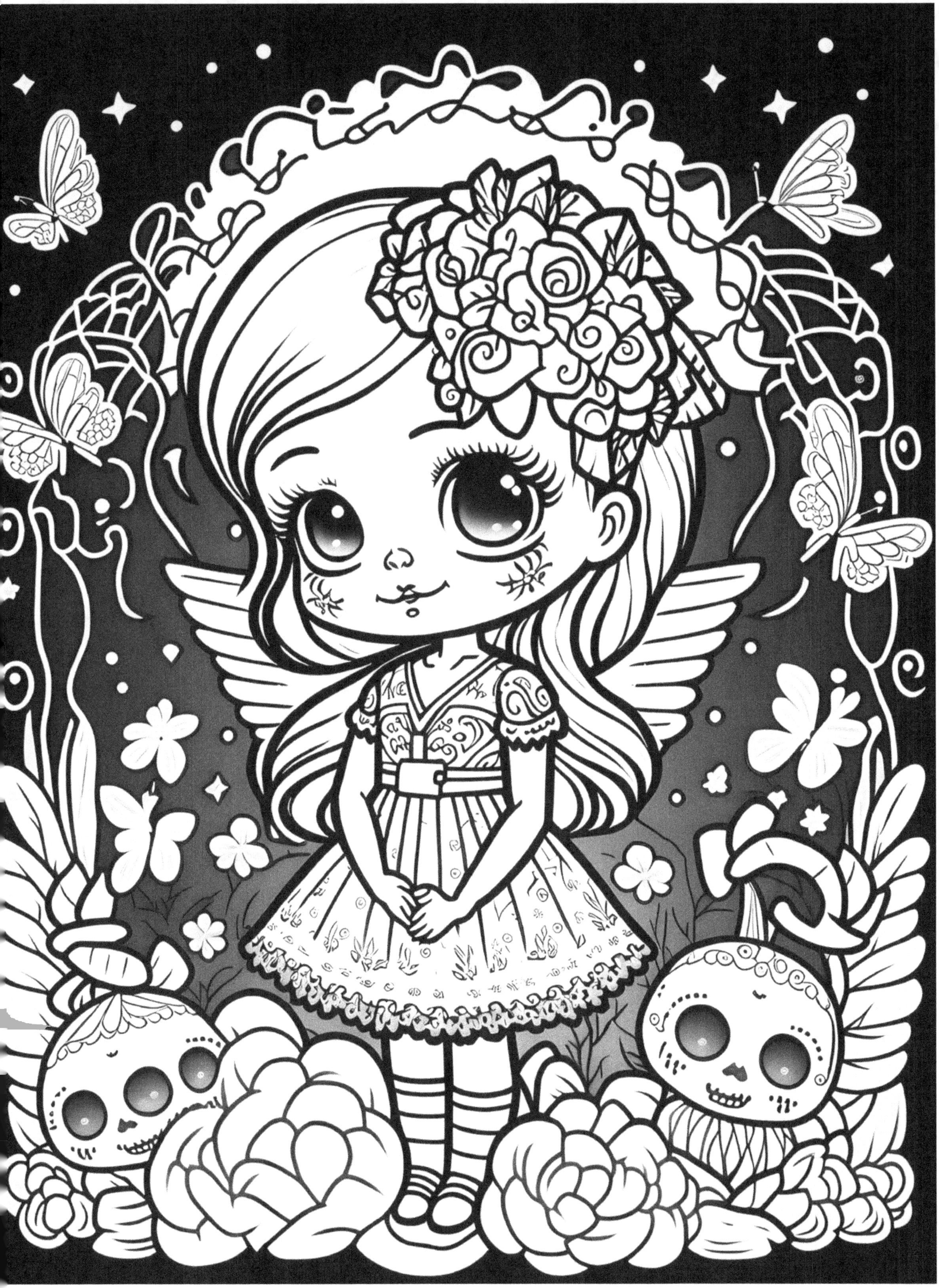

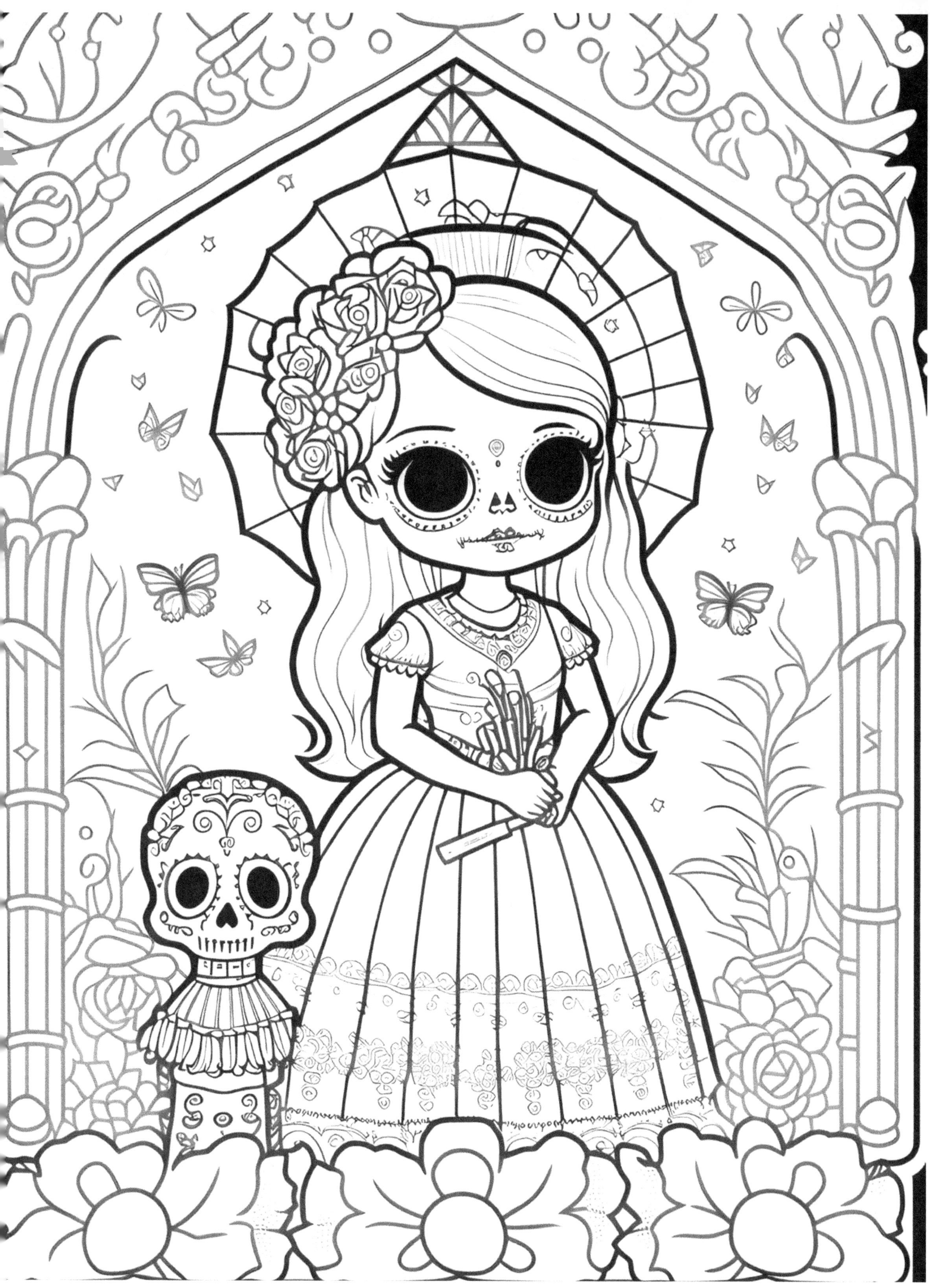

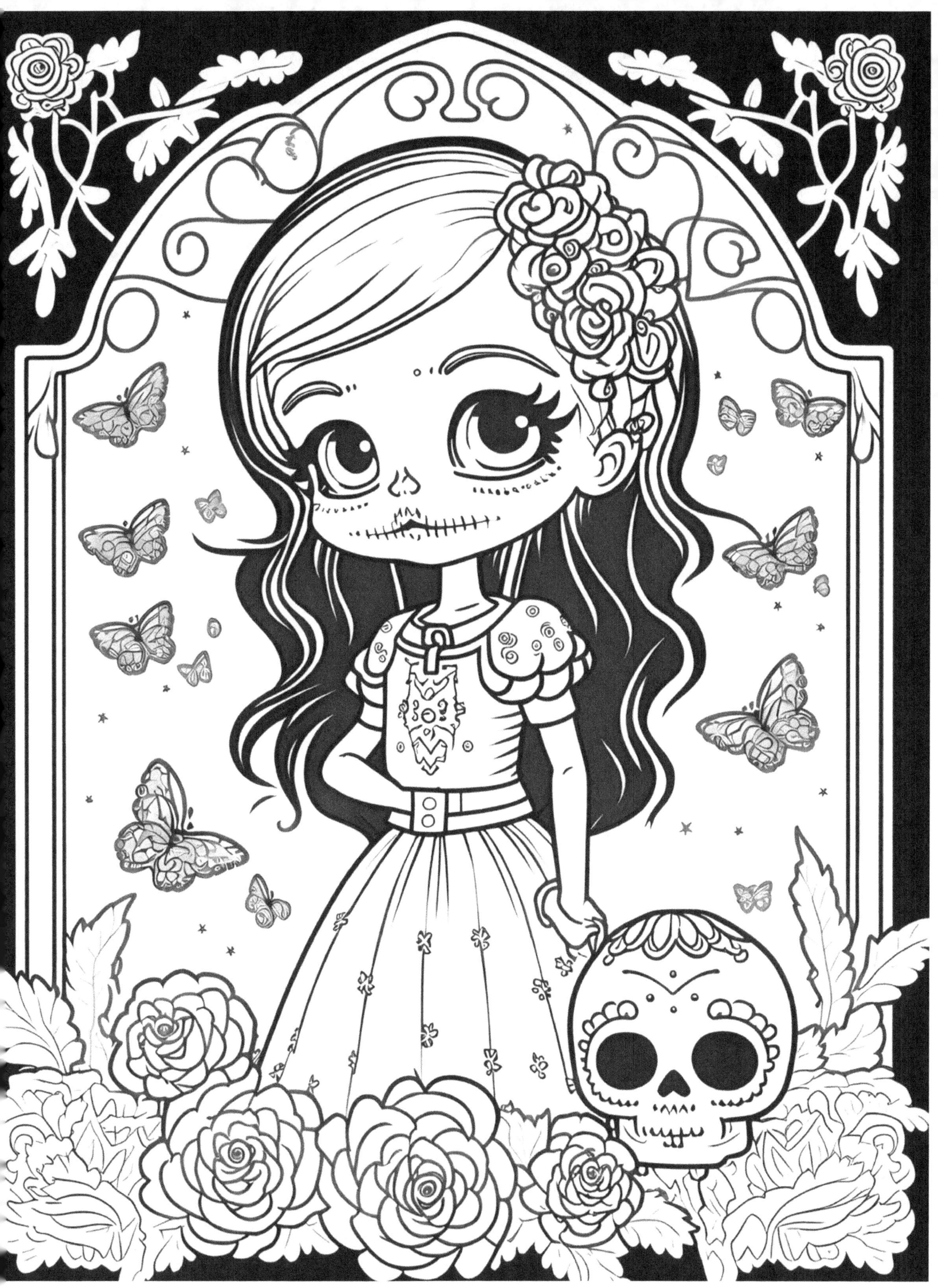

www.ingramcontent.com/pod-product-compliance
Lightning Source LLC
Chambersburg PA
CBHW082155230526
45467CB00044B/3372
* 9 7 9 8 3 8 8 2 0 3 1 6 8 *